Liebe Leserinnen und liebe Leser,

sehr herzlich darf ich Sie zu einem weiteren Band meiner Entgegen der Zeit – Reihe begrüßen. Dieser ~ SONDERBAND ~ enthält Texte aus meinem literarischen Sammelwerk.

Da ich im Sternzeichen des Fisches geboren bin, sind mir viele Eigenschaften aus der Astrologie bekannt, welche denn so über meine Persönlichkeit beschrieben sind.

Horoskope, Glückskekse, Zeichen und Wunder. An alles können wir glauben und vielleicht haben wir einige Situationen und Momente als ein „Zeichen" deuten können.

Ich wünsche Ihnen viel Freude beim Lesen dieser Texte und eine angenehme Reise durch diesen Band. Die Zeilen stehen sozusagen unter einem ganz besonderen Stern, denn geschrieben wird hier aus ganz unterschiedlichen Gefühlslagen.

Herzliche Grüße

Christian Hofmann

Inhaltsverzeichnis:

FISCH IM MEER

Ich schreibe meine Erlösung
Die Offenbarung
Wer dies hier nicht fühlt, hatte von mir
Nie eine Ahnung

Ich habe gekämpft, gesiegt –
Ja doch auch verloren
Jederzeit war ich zum Kampf bereit
Wurde in den Wellen des Meeres geboren

Aufzugeben –
Stand nie in meinem Sternenbild
Gelitten und geblutet
Alles vernarbt, alles nur halb so wild

Ich musste Zähne zeigen
Die Welt war freundlich, viele Menschen waren es
nicht
Ich wünsche keinem etwas Schlechtes
Nur dass sich jeder falsche Hund in diesem Leben die
Fresse bricht!

Narben, Kummer, Sogen und Leid
Versteckt unter meiner Haut
Mein Meer der Träume real zerstört
Dafür habe ich mir eigene ganz still aufgebaut

3

So viele Menschen kamen und sie gingen auch
Sie wollten sich Freunde nennen
Doch schon sehr schnell wurde klar
Dass sie mir nichts, von all dem gönnen

So viel Neid in ihrem Ausdruck
Diese Blicke erfüllt von Missgunst und Gier
Vielleicht wurde ich nicht umsonst
Ein Fisch im weiten Meer

Schaue dir die Menschen an
Sieh noch einmal genauer hin
Höre auf die Worte und ihre Betonung
Worte sagen nicht immer das, wie sie gesprochen sind

Tief im Innern, tief unten in meiner Seelenbucht –
Da bin ich
Auch wenn's draußen stürmt und dunkel ist, brennt
in mir das hellste Licht

Die große Ferne, das weite, weite Meer
Die Wellen sind mein Zuhause
Ganz tief unten im Meeresgrund
Da leben meine Träume, da atme ich auf

Mitleid und Anteilnahme
Hatte ich für so viele
Doch wo waren diese, ich war alleine mit mir und
meinen Gefühlen

Gelernt und geschafft alleine auch zu schwimmen
Im Ozean zurechtkommen
Wollte immer an die Oberfläche
Hoch zu den Strahlen der Sonne

KäMPFER MIT HERZ

Gelernt mit wenig zu leben
Doch dafür was hier wirklich zählt
Mit wahren Werten und Menschen –
Gemeinsam ans Ziel gelangen

Frei sein zu können
Aufatmen in dieser Welt
Auch bei der Falschheit mancher
Die so lügen wie Schlangen

Kämpfer mit Herz
Durchhaltevermögen
Viel mehr wert
Als die Zahl auf dem Schein

Nichts will ich –
Hergeben von all dem
Denn alles ist echt
Genau so soll es sein

Wie zu Kindertagen
Alles gefühlt und alles geteilt
Nur im „Spiel" gekämpft
Mit Papier, Schere und Stein

Freunde kommen und Freunde gehen, es zählen die,
die deine Wege bis ans Ende mit dir gehen

KREATIVEN-TAUCHER

Ich finde Energie
In meiner Schreibentspannungstherapie
Buchstabensuppe, Wortsalat
Auf dem gramma-Tisch runden Buch'n'Holz

Wortfindungsspielplatz
Dichten, denken, schreiben
Ja so soll's!

Ich bin ein Kreativen-Taucher
Aber einzig kein -zig (N)arren-Verbraucher
Will aber zigAretten vor dem Rauchen

Blockade gerade
Schublade voller Schokolade
Zucker und Butter
Milch Kakao verfeinert das süße Futter

Ich halte nichts vom Wald abholzen
Denn sonst stehen bald nur noch Holzebolzen
Auch halte ich nichts von Ketten, Sägen und Holz
zerspanen
Ohne Kettensägen
Sollte man den Wald bewahren

HOFFNUNGSSCHIMMER

An schlechten Tagen
Schreibe ich die schönsten Zeilen
Weil ich nach vorne schaue
Entgegen besserer Zeiten

Graue Wolken sie lösen sich auf
Schatten verziehen, Nebel schwindet
Farben bemalen wieder den Himmel
Zu einem Kunstwerk, das sich bildet

Steine die meine Pfade kreuzten
Sind geordnet wie ein Weg
Alles in mir wird wieder sehr klar
Werde getragen von einem sanften, angenehmen
Wind der weht

Der Verstand war betäubt
Der Geist nicht ganz bei Sinnen
Mit dem innerlichen Lebensmut –
Wieder beflügelt einen neuen Start beginnen

WOCHENENDPOST

Im Innern habe ich tief gegraben
Mich dort gefunden
Unter all den Fasern und den Scherben
Und den Narben

Schmerz und Trauer bedeckten mich
Doch egal, ich wollte zurück ans Licht
Auf dem Weg dorthin
Auf dem befinde ich mich

Ich will glücklich sein, glücklich bleiben
Auch bei Gegenwind und harten Zeiten
Weiter geht's zu jeder Zeit –
Weil die Zeit nicht stehen bleibt

Türen schließen und öffnen sich
Mach jetzt Platz, für das Licht in deinem Angesicht
Träume wachsen und entstehen
Wichtig ist es – immer weiter zu gehen

Blick zurück aber vor allem nach vorn
Schließ die Augen und öffne sie
Dein Weg liegt vor dir, betrete ihn

Sei zu dir selbst nicht so hart
Gib dein Bestes, alles was du kannst
Du wirst belohnt! Was du erreich hast –
Ist das, was du nicht verlieren kannst

ENGEL UND GITARRENKLANG

Von der Schüchternheit
Nichts mehr zu spüren weit und breit
Ich wurde ich selbst
Entdeckungsreise – war eine lange Zeit

Mit Engeln mit Gepäck
Und mit Gitarrenklang
Den Begleitern verpflichtet
Zu meinem besten Dank!

Ich durfte werden wer ich bin
Auf diesem Weg liegt Abschied, Trauer, Schmerz
zurück
Hart die Schale doch weich im Kern
Ich wollt' zu den Sternen
Zu meinem großen Glück

Wenn du das Wort fühlst
Wirst du die Sprache leben
Wenn du Schmerzen leidest
Kann das Schreiben lindern

Glaube mir, vertraue mir
Hier kannst du die Freiheit sein
Komm mit mir, komm mit mir
Komm in meine Welt hinein

STERNEN-BRüCKEN

Das Licht der Welt
Du willst es erblicken
Zwischen der Sonne und den Mond
Wirst du reisen über Sternen-Brücken

Laufe in die Welt hinaus
Strecke deine Arme offenherzig dabei aus

Sende Liebe, Spende Hoffnung
Finde Trost
Ich gehe mit dir deine Schritte, doch wenn die Zeit
kommt, lasse ich dich los

Es ist dein Leben
Sind deine Farben, lass sie strahlen
Im hellen Sonnenschein
Ich werde dich lieben
Ich werde dich tragen, du bist mein Kind, mein Kind
Ich lass dich nicht allein

Alles was du brauchst
Versuche ich dir zu geben
Wohin ich auch nur kann
Werde ich mit dir gehen

Ich werde dir vertrau'n
Darauf kannst du bau'n
Du bist ein Teil von mir
Werde immer an dich glaub'n

VERWELKTE BLäTTER

Nasses Pflaster so wie – Tränen auf Asphalt
Träume sterben wo sie entstehen
Sind so jung und werden nicht alt

Wie der Nebel deckt das Abendland
So legt man sie in Stille nieder
Wie Rosen in einem Garten – wachsen ruhig
So schweigt die Trauer Lobeslieder

Es sind verwelkte Blätter, fallend auf den Grund
So auch ihre Marken – Flagge auf Halbmast
Die Ehr' im allerletzten Bund

Fragten sich die Soldaten
Was bringt uns all der Krieg
Außer Trauer und Schmerz
Der Tod gewinnt das Schauerspiel

Die Herrscher tragen gierig, das Zepter der Macht
Ganz stolz in ihrer Hand
Blut Unschuldiger wird vergossen, stolz und prächtig
Brüskieren die Herrscher all ihr Land

Gedient – voller Stolz die Taten
Gefallen – ohne Furcht und Tadel
Dem Vaterland zur Lieb' die Uniform getragen
Kein Weg nach Haus', denn nun werden sie begraben

WERTE UND MORAL

Getragen von Glück und Freude
Gestern verarscht, getreten wurde ich heute
So handelt man aus der Freundlichkeit, eher Bedacht
Offenes Herz, es wird früher dicht gemacht

Soziales Verhalten, immer nett gewesen
Nun allein in großer Runde an diesem Tresen
Freunde gehabt und als Feinde verloren
So verläuft das Leben, so wird die Wahrheit geboren

Kinderfreude
Kindertage, Kinderlachen
Versteckt und gefangen
Alles was Kinder halt so machen

Kindergarten
Schule und Beruf
Alle Werte und Moral
Die man auf dem Weg begrub

So rette ich mich und flüchte in diese Zeilen
Denn hier ist die Welt OKAY, hier werden Wunden heilen
Hier finde ich Trost, Entspannung, Mut und Glück
Bei mir sicher aufbewahrt, weil davon nicht jeder mehr etwas kriegt

EINHEIT

Die Menschheit ist nicht verkommen
Doch wir werden geführt in einen Krieg
Angefochten durch
Die Politik und die Industrie!

Sie blenden und führen uns hinter das Licht
Leute erwacht, Leute wacht auf!
Es geht um mehr als nur Arbeit
Job, Bewerbung und Lebenslauf

Stehen wir alle zusammen ein
Gewalt kann NIE die Lösung sein
In uns steckt Frust, warum Fremdenhass?
Die Monster sitzen im Aufsichtsrat und haben ihren
Spaß!

Braune Scheiße wollen wir nicht nochmal!
Frieden und Gerechtigkeit, sind wir doch mal real!
Freunde, Partner, Kollegen, Nachbarschaft
Wir wollen endlich Frieden, für den machen wir jetzt
krach!

Ich schlage, ich schlage
Dem Hass die Maske von der Nase
Wollt ihr wissen was ich sehe?
Eine große Einheit Menschen, die sich im Leben so
wunderbar verstehen!

Wir sind friedlich und lieblich
Familienväter und Mütter
Hass und Frust, Leid und Wut wird uns auferlegt
Vaterstaat und Industrienation
Jetzt wird der Stock in deinem Arsch gedreht!

Ihr macht aus uns Menschen Maschinen
Die ihr alle kontrollieren und steuern wollt!
In eure fetten Ärsche schieb ich Wasserbomben und
Silvesterraketen
Denn aus eurer Scheiße machen wir jetzt Gold!

AUF DER SEITE GARTEN EDEN

Ich habe es nicht verkraftet
Habe geglaubt, dass ich stark doch wär'
Hast es genommen wie ein Mann es nimmt
Ich wünschte ich ähnelte dir so sehr

Ouh! Mein Herz ist schwer, auf meiner Seele drückt's
So wie der Druck der Wellen im weiten Meer

Tränen habe ich unterdrückt, weil dein Abschied
Doch keine Trauer tragen sollte
Dir leb' wohl zu sagen in aller Ehr'
Ist was ich doch sehr gerne wollte

Jetzt ist es still, so still um mich herum
Meine Seele schreit Orkane!
Mein Herz zerspringt, doch mein Mund
Er findet keine Worte er bleibt stumm!

Warum klingt es so –
Als wäre nach dem Tod das Leben um?
Ich hätte dir gern von meiner Zeit gegeben
Ohne dich, wäre ich längst schon auf der Seite Garten
Eden

Das Leben ist so unfair
Die Tage machen mir das Herz schwer –
Und keiner kann es fühlen
Es verschwimmt alles, wie ich als Träne im Meer

Ich konnte nichts tun
Verdammt!
Das macht es mir so traurig und hart
Das Leben ist nicht fair
Ich trage dich bei mir – bis zu meinem allerletzten
Tag!

GERAPPEL VOM WECKER

Wo Politik und Arbeitswelt Kräfte raubt
Die Klemme immer fester schraubt
Da komme ich und schreibe hier
Seelentrost – reiß die Seiten auf und Prost!

Ich schreibe für deine Seele
Für die Augen, die diese Zeilen lesen
Das hier ist ehrlich, ich heb' das Glas
Hier sitzt du nicht allein beim Lesen

Neben Dokument
Das ist Klemmbrett klemmt
Geht dies hier runter, wie ein „Stöffchen" –
Das auf der Brust auch brennt

Fühlst du das, fühlst du was?
Denkst du, dass ich dich kenn'
Komm geh' mit raus und zieh' mit los
Lass uns wie eine Flamme brenn'

Hey weißt du was
Nichts ist wirklich schlimmer
Als mitten in der Nacht, das Gerappel vom Wecker
Denn es zieht durchs ganze Zimmer!

UM LUFT RINGEN

Ich bin am Ende
Mit sämtlichen Kräften
Muss wieder rauf sehen, aufstehen
Gerade aus sehen

Blick nach vorn
Energie regenerieren
Fest auf dem Grund unter den Füßen
Wieder drauf stehen

Fühle mich so, als würde ich um Luft ringen
Bekomme keine, muss noch höher in die Luft
springen
Atem stockt, Atem setzt aus – ich will weg
Ich weiß ich muss weg, denn ich halte es hier nicht
mehr aus

Weiße Fahne, Rettungsanker, letztes Boot
Flaggschiff kentert, verloren auf See, ich befinde mich
in höchster Not
Keine Rettung, keine Insel in Sicht
Alles kommt zu spät –
Die Welle bricht und erwischt auch mich

Werde mitgerissen
Soweit davon mit der Flut
Albtraum lass mich bitte erwachen
Bin am Ende habe echt mehr als genug!

HONIG UMS MAUL

Ich schmiere keinem Honig ums Maul
Wenn ich für etwas kämpfe, nimm' ich es nicht für
lau
Beiße auf die Zähne, halte mehr aus als du glaubst!
Ich schlage erst richtig zu – beim letzten Schlag
So sieht es eben aus!

Ich lasse alle reden und alle besser wissen
Denn ich gehe auf meinen eigenen Wegen
Ich erkenne Verräter und Blender
Gott habe Dank! Das ist mein geiler Segen

Menschen die mir nix gönnen
Denen zeige ich eben gerne
Dass sie selbst überhaupt nichts können!

Sie predigen
Ganz im heiligen Schein
Voll in ihren Sünden
Doch wir sollen frei von ihnen sein!

DREIZEHN JAHRE

So viele Jahre liegen nun zurück
Verliefen im Sand der Zeit
Wusste um deinen Schmerz
Die Tragik, all dein Kummer und dein Leid

Doch warst doch viel zu jung
Meine Sprache ist noch heute stumm
Mann! Junge, halb gewonnen war nicht verloren
Jetzt so viele Jahre ohne dich, so viele schon rum

Und ich wünsche dir
Dass du bei den Engeln bist
Du sollst wissen, dass du
Hier niemals vergessen wirst

Jahre ziehen davon
Tage, Nächte – Nacht und Tag
Keiner vergeht, wo ich nicht an dich denke
Gingst viel zu früh verdammt!

Heute laufen noch diese Lieder
Sie sind alles was geblieben ist
Und so wie das Leben heute läuft
Junge! Würdest du wissen wie man dich vermisst!

Unsere Schulzeit – war keine Zeit
Wie das Gold im schönen Glanz
Ich hoffe dir geht's einfach gut wo du bist
Bis du mich eines Tages wiedersehen kannst

KNALLHARTE WAHRHEIT

Ey würde ich sprechen was ich denk'
Würde ich euch zeigen was ihr nicht kennt
Doch zu spät, die Stunde ist vorbei
Wieder wirst du gefragt, ist ein Stück von dir geheilt?

Ich schreibe mir die Finger wund
Warte dabei auf ein Wunder
Das Feuer brennt bis in den Grund
Es brennt weg wie Zunder

Ihr habt doch keine Ahnung
Wenn ihr schreibt von Qual und Leid
Mir ist es widerfahren in der Schule
Stand meinen Mann in harter Zeit

War bestimmt kein Traum, deren Zähne
Sie waren gespitzt und alles was sie bekamen
Wurde ohne Gnade zerfleischt, Junge das wars!
Das war meine Teenie-Zeit!

Du hast echt keine Ahnung, also labere mir nix vor
Ich kenne selbst gut genug das verdammte Seelenleid
Auch wenn man heult, weil die Seele vor Schmerz
Sich die Stimme aus dem Leibe schreit!

Ihr von damals, ihr kennt mich nicht
Danke echt für damals, denn was ich wurde bis heut'
Wäre ich nicht geworden
Ohne so Bastarde wie euch!

Ich weiß ja selbst
Dass die Zeilen brutal und prüde sind
Doch zum Schutz zu meinem Kind
Schreibe ich es so, weil ich will –
Dass es ihm mal besser geht, als wie mir es damals
ging!

SCHöNES DEUTSCHLAND

Nach jeder Prüfung die Lösung
Nach dem Fehler die Lektion
Analyse und Prophezeiung, Diagnose und Prognose
Stand der Situation

Ein Programm im Diagramm
Resultat sehr desolat
Die Perfektion dauert an
Bis zum Ende der Selektion

Massenwahn, Erfolgsphobie
Menschheit am Verkommen wie noch nie!
Erfolgsgetrimmt, stimmungsverstimmt
Hysterie – Attention! Die Menschheit spinnt

Die Fäden zieht man im Hintergrund
Gesellschaft fühlt sich alltagsgrau
Politik sie schwimmt im Zaster
Leergemolken die Kuh und das Meeresblau

Regenbogen, Unicorn
Die Reichen und Schönen sind auserkoren
Alles was wir hören ist dummes Gelaber
Vom Anfang bis zum Ende – hier stinkts nach
Kadaver

Das Prinzip der Politik
Die Bürger im Land werden gefickt!
Sie kandidieren mit weißen Fahnen
Dabei weißt du längst, was ihre Parolen sagen!

Politik, Industrie und Wirtschaft
Das ist, womit du die Bürger knechten kannst
Hartz Vier, Krankenstand und arbeitslos
Damit macht ihr uns das Leben schwer und uns Angst

GmbH – Mit Beschämter Haltung

Floskelgesellschaft – stirb aber bete
Kohle und Knete
Lüge und Intrige, die man schmiege
Hege und pflege

Das hier ist die GmbH der Moderne
Gesellschaft mit beschämter Haltung
Nonkonforme Probanden dokumentiert
Abgelegt in der Verwaltung

Wirtschaftswunder
Warensysteme
Mord, Unzucht, Manipulation
Das ist das Aus der Sirene!

GOTT UND TEUFEL

Krasse Worte
Dunkle Verse und Zeilen
Alles der Ausdruck
Von dem Leiden – so wie sie es beschreiben

Gehorsam sein, Angst und Mahnung erheben
Gekrümmt beim Entfalten
Gezogene Spuren im Leben

Scham und ohne jegliche Anerkennung
Selbstbewusstsein entwickeln, Selbstbestimmung
Laster, Bürden, Gewicht auf den Schultern
Am Ende der Frage, wer ist doch schuld dran

Versucht geliebt zu sein, Beliebtheit und Ehre
Was geschieht beim Misserfolg, was aus dir werde
Düster und finster sind Horrorwege
Dies ist der Schmerz in unsrer Seele

Nicht verstanden sein, obwohl wir doch reden
Alle hören hin und zu, doch wir uns nur um uns selbst
bewegen

Wer hört hier zu? Wen interessiert hier denn was?
Vertraue auf dich selbst, ans Herz lege ich dir das!
Gott und Teufel – das Gute und das Böse
Diagnosen und Analysen, Beten, Gnade und büßen

Freunde und Feinde
Hass und Liebe
Wir entscheiden die Seite
Freude oder Kriege

Qualen, Neid und Wut
Verändert die Menschen
Bei all unserer Bildung
Bildet Missgunst die Grenzen

Glaube an dich selbst
In diesem großen Leben
Wenn du es noch nicht tust
Begleitet dich dies hier, auf deinen Wegen!

HIER IS'

Prinzipiell
Habe ich die Schnauze voll
Ist nicht motivierend, weiß ich auch
Klingt nicht so doll, ist auch nicht toll!

Doch so ist die Scheiße
Hier nu' mal
Hier biste ein Buchstabe
Mit Nummer, klar!?

Buchstaben-Nummer
Aktenfülle
Hier wirste gestempelt
Für die Aktenhülle

Hier is'
Wo du keinen Bock kriegst
Hier is'
Wo der Bock schon längst verloren ging

Hier is'
Die ganze Scheiße am Stinken
Schon bevor sie
Unter deinem Schuh hing!

TELLERRAND

Hey mal ma' neue Träume
Lass ma' Flüsse weiter fließen
Bau ma' Brücken über den Tellerrand
Tu ma' wieder Freude reichlich gießen

Lös dich ma'
Von alle dem Geschwalle
Sprich in
Farbenfrohen Bänden

Ma' ma' wieder grün
Den ganzen Tannenwald
Lass ma' noch gestalten
Bevor wie es beenden

Ey –
Der Freigeist er muss frei sein
Verstehste was ich mein'?

Wir alle sind doch
Dieser Welten Teile
Ich der Meine, du der Deine

AUGENBLICK

Mal wieder einen Augenblick genießen
Momente volle Glück wahrnehmen
Über solche Dinge sich freuen
Beschleunigung dem Leben nehmen

Fuß vom Gas
Schnelllebigkeit ausbremsen
Im Moment leben

Zeit die wir verlieren und vergeuden
Wird uns niemand
Jemals mehr zurückgeben

Ich schreibe hier
Auf gesondertem Papier
Aus der Tiefe meiner Seele
So fühle ich in mir

LEAVE YOUR LONELINESS

I wish you could
See inside me
If you could enter my world
Oh, if only I could share all this with you

If only you knew
How I feel
There is nothing to hurt
Oh, if only had the time with you

The life here inside me
Is something you don't know
It is real and true
This isn't a fakeshow

There is more peace here
Then the world will ever provide
More shades bloom here
Share with me this divide

We can be more than just
People who are controlled
We can save ourselves
This is salvation for the soul

Oh, can you see it? Fire, water, wind all at once!
Primitive life is passing away, this is a new advance
Oh, can you feel? This is completeness
Grief dies – come on, leave your loneliness

NOT A CLOWN – I AM A CREATOR

I can do so many other beautiful things
But I'm chained to my office chair
I dream of somewhere else
I wish I could be anywhere

I'm not a clown
I'm a creator
The small things I do
They will be greater

I need my time
To do something special things
I'll always flying high
With or without broken wings!

I can do anything I want
There isn't really a limit
The only restriction is
What we decide for ourselves

GEDACHT

Ich habe gedacht, als ich dachte
Dass ich denke, dass ich richtig dachte

Aber so wie ich nun die Sache betrachte
Denke ich, dass ich falsch dachte

Denken, dass man denkt
Das Richtige gedacht zu haben
Lässt mich immer weiter denken

I was thinking, when I thought I was thinking
That I thinking right

But the way I look at this thing now, I think
I was thinking wrong

That thinking that you think that you have thought
the right thing keeps me thinking

MISFITS

I'll wait the time runs out
Because I've long been ready
I wait for the first hit
My strength remains steady

Oh yeah!
I'm ready to rumble
All my enemies will tumble
Fucking hell yes! All my foes will crumble

You hit me and I hit you back
You want to judge me?

My motivation is stronger than your fury
My pain is stronger than your hate
Everything I got an didn't want
No matter what happens, it's my fate

I'm the warrior who fights his rounds alone
Being homeless is my home
I walk the streets with all the shit
I belong to misfits

KREATIV UND SCHIEF

In der Kindheit heißt es
Spiele, male, bastele – sei kreativ
Doch bei der Arbeit und im Job
Läuft dies doch meist schief

Wir lehren ein Lernen
Welches wir im Alter wieder verlernen
Nein! Es ist kein Verlernen
Es ist das, sich vom Kind sein entfernen

Also lernen wir um zu vergessen
Denn eines Tages
Wird man uns so oder so
In Form und Norm hineinpressen

Doch wer oder was presst uns
Ein Käfig voller Ideen
Ohne freie Entfaltung
Ja genau! Diesen bauen wir uns

Wir schaffen uns hier gezielt
Formen und Normen
Für uns wird gedacht, dabei denken wir nicht
Denn an uns alle ist schon gedacht

MAN DAS WARS!

Alleine suchend das Glück zu finden
Der Rahmen ist zu eng, ich werde hier verschwinden
Doch bevor ich sage: „Ey Welt leck mich am Arsch
Ich gehe ich ganz einfach, man das wars!

Tausende von Infos schlagen in meinem Schädel ein
Wie kaputt, kann diese Gesellschaft denn noch sein?
Wenn ich vor dem Blatt Papier sitz
Bin ich nicht der Christian den ihr kennt
Denn da schreibt der Dichter, Denker
Was ihm unter seinen Nägeln brennt

Mein Herz ist RIESENGROß
Gefühle und Werte kann mir keiner entreißen
Wer sie mir doch klauen mag
Denen sollen Tauben auf die Köpfe scheißen!

Das hier sind Zeilen für die gute Seele
Hier wächst der Mut auch auf deinem Wege
Ich brauche Licht und reichlich gute Gedanken
Ich brauche Platz und keine starren Schranken

Verstehst du mich, halb so schlimm, wenn nicht!
Denn wenn du es nicht kannst –
Bleib einfach da, wo immer du auch bist!

Die Last die auf meinen Schultern liegt
Ich helfe ihr auf, dass sie lernt wie man fliegt
Erde dein Fundament – bei allem was dich runterzieht
Du stehst wieder auf, wie der Stern der zum Himmel
zieht!

Keiner kennt die Angst so gut wie du
Darum höre auf dich, höre dem Gefühl zu
Denn kommt es hart auf hart
Ist am Ende niemand für dich da

Darum nimm die Angst auf
In deinem Freundeskreis
Denn mit mir nicht mehr als Feind
Ist halb so schlimm nur der größte Scheiß!

Tief unter meinem Herz
Kratzt und scheuert hart der Schmerz
Zarte Flügel, zarte Seiten
Mögen sie im Stahl verschweißen

KUGEL UND SCHEIBE

Die Angst vor dem Wagnis, mal wieder riesengroß
Und die vorm Scheitern, verpasst dir einen Stoß
Was kann passieren außer zu sterben?
Quälend leben ist keine Option!
Der Schmerz bleibt nur auf Erden

Als das Opfer
Kniend und kriechend auf allen Vieren
Eigene Gefühle töten
Das ist echt elendiges Krepieren

Wenn die Angst
Dich fesselt und umschließt
Musst du dich befreien
Geh in Deckung, wenn sie schießt

Sie ist die Kugel
Du bist und bleibst die Scheibe
Kraft, Mut und Glück
Im Zweikampf mit − Zweifel, verharre und bleibe

Weit voraus in deinem Blick
Siehst du deine Zuversicht
Sie ist nicht zu ergreifen aus der Lage
In der du gerade jetzt noch bist

Sich zu lösen, ist immer schwerer als erliegen
Doch wenn du zu fest im Schlamm sitzt
Dann wirst du niemals fliegen!

Wenn du Land siehst
Doch dich nicht dorthin bewegst
Zieht das Leben an dir vorbei
Und du spürst wie du verwest!

MUTTERHERZ (Bonus-Text für alle Mütter)

So viele Worte
Im Leben schon geschrieben
Verfasste schon
Bis hierher so manchen Text

Doch bei diesem
Fällt es mir nicht leicht
Er schreibt sich
Alles andere wie von selbst

All die Jahre fließen –
Sie schießen nur so an uns vorbei
Vierunddreißig Jahre – es tut mir
So vieles tut mir leid!

Ich weiß heut' – denn ich verstehe jetzt
Wolltest nur dass ich meinen Weg finde und ihn geh'
Manchmal gepatzt, Chancen geplatzt
Macht mich traurig, an manchen Tagen tut's weh

Schon sehr früh im Kindergarten
Fühlte ich Angst – Sorgen, musste viel ertragen
Ich war zu klein, zu still, zu ängstlich
Alles in mich hineingefressen

War halb erwachsen und war es nicht
Falsche Freunde und die Lehre
Diese harte Schule
Ich habe dies alles nie vergessen!

Und heut' weiß ich doch
Dass das Mutterherz
Schützend und sorgend
Um des Kindes Wohl nur ist!

Ja das weiß ich heut'
Dass das Mutterherz
Um des Kindes Wohl
Behütet und besorgt nur ist!

Fehler und auch
So manche Lektionen
Der Lehrer ist das Leben
Erwachsen werden sind die Stationen

Was nützt es heut' – Verkorkstem nachzuheulen
Dinge passieren und sie vergehen
Aus Fehlern lediglich lernen
Um dieselben nicht noch einmal zu begehen

Würde gern vieles nochmal leben
Die Griffe von damals, heute ganz anders hebeln
Doch die Zeit schreitet voran
Viel ist vorbei, was irgendwann einmal begann

Heute kann ich mir verzeihen
Doch weiß ich auch, mach ich es mir nicht leicht
Vierunddreißig Jahre – es tut mir
So vieles tut mir leid!

Wir blicken in den Spiegel
Sehen uns im Spiegelbild

Doch um uns genauer zu betrachten
Müssen wir in uns hineinblicken

Wir fühlen oft Äußerlichkeiten
Diese nehmen wir wahr

Doch auch tief in unserem Innern
Müssen wir das Fühlen zulassen lernen

Christian Hofmann, 2020

Liebe Leserinnen und liebe Leser,

sie sind auf am Ende des ersten Bandes ENTGEGEN DER ZEIT ~ SONDERBAND ~ angekommen.
Ich wünsche Ihnen, dass es für Sie eine angenehme Reise war und sie einen Tauchgang auf emotionalen Wellen erleben konnten.

Ein Fisch im Meer, ozeanweit und auf dem Weg — sein Leben zu entdecken und auf diesem Weg, fand der Fisch Freunde, Liebe, Träume und Glück und die Hoffnung und den Mut, nach allem Scheitern, immer wieder neu anzufangen.

Ich wünsche Ihnen liebe Leser und liebe Leserinnen, eine gute und wunderschöne Zeit — ich sage bis zur nächsten Reise mit herzlichen Grüßen, freundlichst

Ihr

Christian Hofmann

Liebe Fans des „Metal-Alters" und der Dark Poetry,

sehr herzlich darf ich Euch zu einem Sonderband, meiner
ENTGEGEN DER ZEIT – Reihe begrüßen.

Diesen Band widme ich der Dark Poetry-Kunst und dem Metal- und Rock-Genre.
Da ich selbst sehr gerne in dieser Musik eintauche und diese mich schon sehr lange Zeit begleitet, wollte ich euch Fans – nun diesen Band zur Verfügung stellen.

Die Texte sind während meines Sammelwerks entstanden und verfasst worden. Beweggründe dieser Texte waren zum Einen die Hingabe zur Musik und zum Anderen, eigene Inspiration und gewisse Lebensumstände, welche ich in diesem Band – ENTGEGEN DER ZEIT – The Dark Poetry verarbeiten konnte.

Heavy rock regards

Christian Hofmann

Headline

1. Auge Um Auge
2. Donnersturm
3. Dornen
4. Sehnsucht
5. Mondschein
6. Dunkelheit
7. Unausgeruht
8. Kreuzzug
9. Geisterfahrer Jener Nacht
10. Heavy Metal Melody
11. Quarantäne
12. Sensenmann (The Reaper)
13. Gnade Für Die Menschen
14. Der Tod Und Das Leben Danach
15. Twisted Heavy Metal
16. Feuersturm

Entgegen der Zeit

Sonderband

The Dark

Poetry

Auge Um Auge

Ich höre meine Gedanken
Ich kenne meine Gefühle
Lese in meiner Seele
Tag um Tag, Stunde für Stunde
Wo ich auch bin, wo ich auch hingehe

Warum bin ich wie ich bin
Warum wurde ich so geboren
Mich mit dem Leben zu fetzen, zu messen
Wie oft hab´ ich schon meine Stirn geboten

Auge um Auge
Zahn um Zahn
Seelenbeklemmung
Emotionsachterbahn

Mal auf, mal ab,
Mal nix gecheckt
Nie aufgegeben
Immer wieder eingesteckt

Wann hört es mal auf
Wann lässt es mal nach
Bin ich am Schlafen
Bin ich taub, bin ich wach

An manchen Tagen fällt es mir schwer
Fühle mich wie in höchster Not
Ein Ringen und ein Kämpfen
Gegen die Zeit und auch gegen den Tod

Auf geht's –
Immer wieder kommt ein neuer Tag
Bis zum letzten Atemzug
Bis nach ihm keiner mehr kommen mag

Träume, Tränen,
Schmerzen und Leid
Alles zu vergessen
Fällt so schwer für die ganze Zeit

Donnersturm

Ein grauer Morgen der beginnt
Der Schauer und trübe Wolken bringt
Donnerhall und Niederschlag
Blitzlichtgewitter – der Sturm ist stark

Der Donnersturm lässt die Welt erzittern
Starkregen bricht ein wie die Flut
Der Regen er ertränkt die Erde
Höhere Mächte – entladene Wut

Die Welt am Zittern, ein gewaltiges Beben
Die ganze Menschheit fürchtet um ihr Leben
Ist es Gottes Macht, durch des Menschen Wut
Bringt er Vernunft oder die Flut

Die Welt hebt sich aus ihrem Anker
Welcher doch fest in Ketten liegt
Menschen sind in Angst und Sorge
Weil nichts in Sicherheit mehr wiegt

Engel fallen von dem Himmel
Deren Flügel längst verbrannt
Der Mensch hat das Böse reingelassen
Er hat die Erde selbst verdammt

Alles steht in einem Flammenmeer
Es brennt lichterloh und gnadenlos
Regensturm und Fegefeuer
Gott lass Gnade walten, Vergebung und auch Trost

Dornen

Wohin gingen die Träume
Habe sie solange nicht gesehen
Ich wollte ihnen folgen
Und doch blieb ich hier stehen

Ich weiß nicht mehr, doch da war etwas
Dass mich wie erstarren ließ
Wie ein Durchbohren einer Rose –
Im Strauch, aus dem der Dornen sprießt

Wie ein Stich mitten ins Herz
Der die Liebe sanft erstickt
Dachte ich doch, ich bin unerschütterlich
Während dessen verließ mich mein Glück

Ich stand in einem Meer aus Flammen
In dem der Himmel vom Rauch erstickt
War ich doch auf dem Weg der Hoffnung
Und verlor dabei, jedes Stückes Glück

Wandelte ich im Schatten
Im Dunkel der Finsternis
Diese alles doch verschlingt wie Staub
Sie erlischt jedes kleinste Licht

Das Spazieren im Schmerz und Kummer
Allein mit Verlust und Trauer
Rabenschwarze Tage, die dunkle Zeit
Sie scheint von langer Dauer

War dort in der Ferne
Nicht die Brandung, nicht das Licht der Zuversicht
Bleibt uns am Ende
Von allem was wir hatten, denn wirklich – nichts!?

Sehnsucht

Die Augen brennen vor Sehnsucht
Sorgen an denen ich mich wund schleif
Kein Blick auf Neuigkeiten
Keine Erkenntnis, die mich an die Hand greift

Wie ein wildes ungezähmtes Biest
Wie die Beute seines Raubzugs
Mein Fürchten und Bangen
Welches es genießt

Erloschen ist jeder Hoffnung Licht
Und im Dunkeln ergreift es mich
Der Atem wird schwer, es legt sich über mich
Nun lässt auch die Sehnsucht mich im Stich

Was ist bloß geschehen, kann es nicht verstehen
Dass die Träume sterben gingen
Habe ich sie aufgegeben, nahm ich ihnen das Leben
Bevor sie überhaupt beginnen

Höre ich ein Lachen aus der Fremde
Als hätte das Böse – Schadenfreude
Es scheint als nähere ich mich dem Ende
An keinen Halt und Schutz mehr zu denken

Hab ich mich verlaufen, verrannt, verirrt
Lief ich in Richtung nichts und kam nicht mehr
zurück
Am Ende aller Hoffnung, düster und schattengrau
Finde ich ins Licht und nochmal das Glück

Mondschein

Durch den Mondschein
Und die Dunkelheit
Trage ich meine Träume mit mir
In Richtung Unendlichkeit

Meine Hoffnung wird getragen
Von den Sternen
Sie verlieren niemals meine Träume
Nicht die nahen und auch nicht die fernen

Ich vertraue mich ihr an
Fühl mich verstanden von der Dunkelheit
Sie war stets an meiner Seite
In vielen Teilen meiner Einsamkeit

Dieses Dunkel ist mir vertraut
Es ist wie mein zu Haus
Reicht endlos jegliche Ferne
Wenn die Lichter erloschen sind und aus

Dunkelheit

Die Dunkelheit der Nacht
Befremdend doch vertraut
Wie ummantelt legt sie sich
Wie ein Schatten auf meine Haut

So schwarz ihr Schein
Wie ein leerer Blick
Zeit verstreicht
Doch es geht weder vor noch zurück

Weit weg vom Glück
Das Gefühl vom Dasein
Nur ein Licht im Spalt
Des Mondscheins zu sehen

Kein Geräusch nur die Ruhe
Nichts zu hören nur der Atem
Luftzug um Luftzug
So lässt es sich leben – Amen

Sicherheit ist da
Vertrautheit sie ist nah
Alles was geblieben ist
Von allem was mal war

Dunkelheit – Dunkelheit
Eigentlich ja meine Zeit
Wunden und Narben sie sind da
Tief im Innern nie verheilt

Düster – diesig kalt und rau
Ganz eisig ist mein Hauch
Träume die ich hatte sind
Gemälde in diesem Rauch

Unausgeruht

Dass ich nun oben steh
Ja dies könnt ihr nun sehen
Doch den steilen Weg hinauf
Diesen Weg musste ich alleine gehen

Ich dachte nichts und niemand
Kann mich stoppen oder hält mich auf
Psychisches Leiden – Nervenkollaps
Und noch viel mehr nahm ich in Kauf

Jeden dieser Schritte wollte ich gehen
Denn ich lebe nur einmal und es ist mein
Werdegang
Ich habe da diesen Traum
Und diesen schon sehr lang

Auf meine Tränen und mein Leiden
Auf die Ziele und durch das Zeiten-Treiben
Die Wege waren nicht einfach
Dies kann ich versichern – unterschreiben

Unausgeruht und geschrieben bis in die Nacht
Alles stets verfeinert und damit meine Zeit
verbracht
Höhenflug und Einsamkeit
Seelenlose Begleitung dieser Zeit

Kreuzzug

Blitze leuchten am Himmel auf
Im lila-violetten Nebelrauch
Der Donner hallt übers ganze Land
Schallt bis über der Erde ganzen Rand

Die Schlacht ist grausam
Kalt und fahl
1000 Krieger mit Schwertern
Aus Eisenerz, hart der Stahl

Wenn die Schlacht zur Neige geht
Ist es windstill, die See spiegelt alles klar
Wenn der König fällt
Ist sein Reich, dem Niedergang sehr nah

Sterne wandern ins Himmelbild
Schlachtrufe sind ganz wild gestimmt
Das Kreischen im Gefecht von dem Metall
Furchtbar krächzend ist der Widerhall

Treu ergeben dem Dienst ergeben
Fern Jeglicher Zweifel, dienend
Voll und ganz dem Volk verbunden
Niemals der Ehrfurcht erliegen

Die letzten Züge, die letzten Taten
Treu der Schlacht, den König nicht verraten
Gedient an seiner Seit´, bis zum Schluss
So kommt die Dame des Königs um den Verdruss

Geisterfahrer Jener Nacht

Ich folgte den Straßen
Nähe der Flüsse entlang
Gerade aus meines Blickes
Da hielt ein Truck hinter mir an

Ich ging Gedanken meines Weges
Fast wie rast- und ruhelos
Da kam eine Stimme aus dem Truck
Hey mein Freund, wohin und wie weit ist den Weg
denn noch?

Ich blickte dem Fahrer in sein Gesicht
Ich sah nur blasse Haut, mehr erkannte ich nicht
Er war fast so blass wie ein Geist
Ich war ergriffen, stotterte;
„Einfach entlang der Straße, einen anderen Weg
kenne ich nicht"

Wir fuhren ein paar Meilen, in seine Augen sehen
konnte ich nicht
Mit der Sonnenbrille die er trug, frug er mich
Was treibt jemanden in diese Gegend, jemanden so
wie dich
Kurz erstarrt und ergriffen sagte ich
„Ich folgte den Flüssen, doch dann verließen sie
mich"

Während wir dann den Highway befuhren
Nahm ich so langsam für mich wahr
Ich wusste nicht mehr wo ich bin und wo ich hin will
So vieles war mir mittlerweile klar

Und er erzählte alte Geschichten
Dass auf diesen Straßen einst ein Mann verschwand
Ohne jegliche hinterlassene Spur
Einen Mann, den man nie mehr im Leben
wiederfand

Während er mir dies erzählte
Kam auch ich mir sehr verlassen vor
Seltsames blitzte am Himmel auf, wie eine
Erinnerung
Und ein leises Flüstern in meinem Ohr

Der Trucker sagte noch eine Station
Eine Ausfahrt, dann ist zu Ende – meine Mission
Er fragte ob ich dort mit hin will, in einem fast
schon warnenden Ton
Wir waren wie ein Geisterfahrer mit seinem
verlorenen Sohn

Ein Geisterfahrer jener Nacht
Der den verlorenen Sohn nach Hause, hat gebracht

Heavy Metal Melody

In der Ferne, im Licht
Des Mondenscheins
Zeichneten sich Schatten
Wie die eines Königreichs

Ich lief entlang des Weges
Der Umriss glich dem, wie ein Jahrhundert-Dom
Die Mauern die ihn umgeben
Erscheinen wie glänzend schönes Chrom

Es zog mich immer stärker, immer kräftiger zu ihm
Wie ein Ruf – ein melodischer Klang der Ferne
Als schepperte und donnerte Stahl
Unterm Himmelszelt der silberscheinenden Sterne

Je näher ich dem Antlitz kam
Desto ergriffener ich war
Die Klänge die ich hörte, melodisch gotisch
Niemals werde ich sie vergessen, so viel war mir klar

Ich stand nun vor dem großen
Mächtigen, stählernem Tor
Als diese mir geöffnet wurde, war ich wie erstarrt
Es schien als stiegen Engel der Dunkelheit empor

Die Klänge klangen episch, kryptisch und glorreich
Und waren unerschütterlich
Plötzlich sagte eine zarte Stimme, die spricht
Fremder sei gegrüßt, trete ein und fürchte dich
nicht

Wie die süße Stimme eines Engels
Dachte ich wie kann es sein
Das Krächzen von Schwer-Metall
Dies ganze kann ein Traum nur sein

Sie sagte – nun trete ein
Gib dich dem Heavy Metal hin
Ich war mir so seltsam sicher
Dass ich hier richtig und willkommen bin

Da waren Männer und Frauen, in kuttenartigem Stil
Und sie feierten, wie eine Art Festivals-Zeremonie
Alles war im Gange, sie feierten und sagen – so
etwas wie
Heavy Metal is our Music, epic, gothic, melody –
we are stand in black
For all eternity

Quarantäne

Die Haare wild
Der Sound ganz laut
So als ob der Donner
Auf die Trommel haut

Bewegungen extrem
Sie denken wir sind verstört
Weil sie es nicht verstehen
Weil sie uns nicht angehören

Wir sind nicht krank
Doch anders als sie, Gott hab Dank!
Nerven aus Drahtseil
Sind solide und festgespannt

Sie können und wollen uns nicht verstehen
Wollen uns in der Zelle sehen
Weit weg von Lärm und Krach
Der Wille bleibt stark, nur das Fleisch wird schwach

Unsere Lieder haben Power,
haben Biss – zeigen Zähne
sie wollen uns in Quarantäne
Quarantäne!

Unsere Lieder haben Signale
Haben Kraft – zeigen Zähne
Sie wollen uns in Quarantäne
Quarantäne!

Sie meinen wir sind die Brut
Des Teufels und des Bösen
Glauben wir tragen vor ihnen Furcht
Haben keine Angst, wenn wir auf deren
Abartigkeiten stoßen

Sensenmann (The Reaper)

In der Hand das große Beil
Scharf geschliffen ist der Stahl
Die Sense wird geschwungen
Hin und her bis zum aller letzten Mal

Erbarmungslos und der Gnade fern
Funken der Klinge zeichnen seinen Weg
Furchteinflößend ist sein Ritt
Leise er im Dunkel über die Felder tritt

Der Keil wie ein Pfeil gespitzt
Holt sich den Atem eines Jeden ein
Ohne Reue und ohne Gedanken
Tauscht der Tod gegen Leben ein

Er lauert in der Dunkelheit
In der Ecke jeden Momentes
Ist in der letzten Stunde da
Eines Jeden letzten Endes

Er ist die Dunkelheit
Und auch die Finsternis
Er raubt Atemzüge
Hinterlässt ein schwarzes Nichts

Der Sensenmann (the reaper)
Der Sensenmann (I am weeper)
Er bringt den Tod und nimmt das Leben
Nach der Beute verschwindet er im Nebel

Gnade Für Die Menschen

Die Wolken ziehen davon
Der Himmel färbt sich im violetten Ton
Als bestiege Gott der Herr
Wie der König seinen Thron

Er gießt die Erde
Mit Regentropfen jenes Feld
Trägt Freude an der Saat
An jener die sprießt, unter seinem Himmelszelt

Er sendet die Sonne
Spendet des Strahles Licht
Sendet Gnade für die Menschen
Als Hoffnung und Zuversicht

Gottes Kinder
Die Tochter und der Sohn
Der Ernte – aller Dank
Für Erbrachtes, allem sein Lohn

Lobgesang und barmherziger Dank
Sollen bei uns bleiben
Und uns begleiten
Dieses Menschenleben lang

Der Tod Und Das Leben Danach

Meine Gedanken greifen weit
Mein Verstand und die Vernunft kreisen umher
Für ist nicht reelles zu verstehen
Fast unmöglich gar schon sehr schwer

Was ist, wenn der Körper vergeht
Doch unsere Sinne und unsere Seele weiterlebt
Kommt nach dem Tod wirklich Stille und kein Licht
Die Antwort finden und bekommen wir im Leben
leider nicht

Schwirren wir als Luft und getragen vom Wind
Durch die Atmosphäre bei all den Gerüchen der
Natur
Gräser Wiesen Wälder Holz Gestein
Schwirren wie in Vollkommenheit mit Freude in
Mutternatur

Werden unsere Seelen transportiert
Womöglich in neugeborene Körper das Leben als
Wiedergeburt
Fragen die mich beschäftigen ob ich Recht behalte
Die Wahrheit ist so wahr – doch in meiner
Vorstellung und in meinen Träumen nur

Wie weit ist wirklich weit
Ist Vergangenheit was wirklich vergangen bleibt
Gegenwart wird gelebt die Zukunft erst geschrieben
Lebe jeden Tag sei lebendig so wird Hass zur Liebe
und Böses ist hinfort getrieben

Leben und Tod die vielen Fragen ans Leben
Liebe Glück und Mut – Ängste und Zweifel all der
Unmut
Fallen und Aufstehen sowie Siegen und Verlieren
Alles das ist Zeitgeschehen – verblassen polieren
und restaurieren

Fantasie und freie Lyrik – Lustiger Text
Kritik Ironie Sarkasmus Slapstick Erotik und ein
wenig Sex
Literatur der ganzen Kunst das Lebenswerk
Wertschätzung Philosophie und Persönlichkeit alles
spielt in dieser Zeit

Alles geliehen zwischen dem
Leben und dem Tod
Wirklich alles vorbei - was wir lernten was wir
schätzen
Wenn die letzte Stunde uns holt

Twisted Heavy Metal

Hochglanzpoliert
Im schlichten Schwarz
Elegant im Stil
Dieser Hauch, er wars

Dunkelheit und tiefenschwarz
Farbintensiv so liebgetreu
Ganz anders als gewöhnlich
Gar nicht alt und auch nicht neu

Nicht im Standard
Doch auch laut und leise
Nicht in Uniform
Außergewöhnlich auf die Art und Weise

Vielleicht trübe und etwas düster
Doch auch hell im lichten Schein
Es ist der Rhythm und der Ausdruck
Glück und Trauer doch in ei'm

So viel doch an der Zahl
Verbreitet unter dem Farbgemisch
Heavy Metal, progressive
Death, gothic, power, trash

Hardcore-Sound, Powerchords
Volume high and tune-records
We are stay in black and hold strong
Our life is like a Hard-Rock-Song

Feuersturm

Ich schmiede jeden meiner Träume
In den heißen Feuersturm
Mit meiner Axtes Klinge
Forme ich sie mir
Bin der Herrscher meiner Festung
Sitze auf dem Thron in meinem Turm

Feuerdrachen
Die hoch in die Lüfte steigen
Mit so herrlicher Magie des Feuers
Wodurch sie mir das Morgen zeigen

Sie spreizen ihre Flügel
Schweifen aus durch das Flammenmeer
Treues Gespann nach jedem Fluge
Kehren sie zurück zu mir

Feuersturm und Feuerwalze
Des Feuers Wächter bin ich gediegen
Den Glauben fest im Sitz
Kein noch so tiefer Fall konnte mich besiegen

Und so reite ich
Mit all meiner Feuerkraft
Getauft in Flammen, gebrannter Krieger
Vermag all der Hitze große Macht

Liebe Fans des „Metal-Alters" und der Dark Poetry,

vielen lieben Dank, dass Ihr Euch für diesen Sonderband, meiner
ENTGEGEN DER ZEIT – Reihe entschieden habt.

Nichts würde mich mehr freuen, wie den lieben Leserinnen und lieben Lesern schöne Gedichte der „dunklen Form" mitgeben zu können. Menschen die sich meiner Texte, meinen Gefühlen annehmen und diese verstehen können.

Ich fühle mich in diesem Genre Hardrock und Heavy Metal sehr wohl und freue mich, wenn ich Euch liebe Fans, mit diesen Texten erreichen konnte.

Keep strong and always rock on!

Christian Hofmann

Christian Hofmann, geboren am 5.3.1986 in Biedenkopf bei Marburg, schreibt seit dem Jahr 2006 Texte aus dem und über das Leben.

Mit „Dark Poetry", der „Entgegen der Zeit – Reihe", legt er nun den Sonderband auf. Die Auswahl der lyrischen Texte, hat er auch in diesem Band selbstausgewählt. In diesem Band fokussiert er den Hardrock und das Heavy Metal-Genre, sowie die lyrische Kunst der Dark Poetry. Die Texte richten sich gezielt an Menschen, welche die dunkle Lyrik mögen und auf Gitarrensound grooven.

Liebe Leserinnen und liebe Leser,

sehr herzlich darf ich Sie zu einem weiteren Sonderband, meiner
ENTGEGEN DER ZEIT – Reihe begrüßen.

Die thematisierten Inhalte beruhen auf depressiven Episoden. Ärztliche Diagnosen verlaufen unter >Depression<, auch unter F-Diagnosen diagnostiziert.
In diesem Band – ENTGEGEN DER ZEIT – DE
pression, sind Texte, in denen ich meine Depressionen verarbeiten konnte.

Warum ich diese Texte verfasst habe und diese in die Öffentlichkeit trage, ist u.a. darin begründet, dass ich selbst eine mittelgradige bis schwere depressive Episode durchlebt habe. Gründe dafür waren etwa, Burnout, Stress, Überforderung und zuletzt die Ursache überhaupt, Geschehnisse und Erlebnisse der Kindertage, hervorgerufen durch meine schulische Laufbahn.

Weil ich das Thema Depression und psychische Störung für wichtig und weitverbreitet empfinde, möchte ich nun Zugang zu dem Inhalt meiner Texte verschaffen.

Die Art und Weise, wie sich diese Zustände anfühlen, wie ich sie durch Schreibtherapie bei mir therapiere und wie man mit dem ganzen „Zustand" leben kann. Darum mein Sonderband ENTGEGEN DER ZEIT und wie die Depression MICH ertragen muss, die ganze Anschauung mal anders beleuchtet.

Allen Betroffenen wünsche ich alles Gute, eine gute Genesung und immer den Kopf Richtung Sonne halten. Diejenigen, die nicht an Depressionen leiden, können vielleicht anhand dieser Texte, die Betroffenen nun besser verstehen.

Alles Gute und eine angenehme Zeit.

Christian Hofmann

Textübersicht

Entgegen der Zeit

Sonderband

DE pression

Wie sich mich ertragen muss –

Weil ich immer gegen sie schreiben werde!

Prolog
Tagebuch eines Leidenden

Gerade jetzt. Genau in diesem Moment. Mir stockt der Atem, trockenes Kratzen im Hals. Die Gedanken sie rattern, während sich alles kreist. Habe 1000 Gedanken im Kopf, während ich dies hier schreib.

Ich beschreibe wie es mir geht. Was nehme ich wahr, was nehme ich hin? Ich überlege reiße ich diese Seite heraus, lösche ich sie oder suche auch ich hier in diesem Ganzen, einen Sinn?

Mir stockt der Atem. Es kratzt im Hals. Ja! Gerade jetzt! Genau in diesem Moment. Es ist als dreht sich die Welt um das Tausendfache schneller, das Herz rast, Puls bebt, Zustand wie ein Kollaps, alles real was ich spüre, fühle und erlebe.

Wie geht's weiter? Stoppt das Karussell, welches sich ohne Ende dreht, mein Herz schlägt schneller, scheint gar zu zerspringen, während da draußen einfach alles weitergeht. Ich frage mich wie lange ich diesen Zustand noch aushalten kann.

Schnelligkeit – alles zieht vorbei. Ich kann kaum noch durchatmen, doch ich vernehme Stimmen, die mir in der Vergangenheit gesagt haben, „du weißt doch wie es ist, kennst doch nun deine Zustände, diesen Kreislauf" – dieser Zyklus, kommt immer und immer wieder aufs Neue!

-Stille-

-Ruhe-
-Ordnung-

Alles legt sich wieder in diesem Ansturm von Gedanken,
Pflichten, Verantwortung.
Luft. Luft schnappen
Ja atmen. Ein und aus, die Schnelligkeit wird ausgebremst.

Was spüre ich, was fühle ich:
-Leere-
-Trauer-
-Schmerz-

-Abgrenzung-
Ja! Abgrenzung.
Sie wird meines Lebens langes Lernen beinhalten.
-Abgrenzung-
-Entspannen-
-Umsetzung-

„Vom ersten Wort, ersten Schritt
Bis hin zu diesem Ziele
Viel eingesteckt, viel hingenommen
Aus dem Hass, werde doch bitte Liebe"

„Es ist Glück? Bestimmung?
Führt Gott mich auf diesem Wege?
Bin Außenseiter, Randfigur
Doch bin froh, über Schritte die ich gehe"

„Schwebt über mir ein Engel?
Oder verleitet mich der Teufel?
Gerade jetzt
In diesem Moment?"

-Depression-

Ich glaube nicht an die Art Depression, welche Ärzte diagnostizieren, dass ein Mensch depressiv sei –
Depressive Zustände werden bei Menschen hervorgerufen, wie wir miteinander umgehen!
Kein Mensch ist von Grund auf depressiv.

Schauen wir doch einfach alle einmal unsere Werdegänge an und reflektieren. Was bleibt als Resultat? Inwieweit beeinflussen uns äußere Umstände, so wie wir uns selbst und Medien, sowie alle Mittel, die uns allen zur Verfügung stehen, um uns depressiv formen zu lassen!

„Viele meinen es ist nur Musik hören
Hin und wieder auch mal Texte schreiben
Doch ich bin wirklich frei
In jedem Inhalt meiner eigenen Zeilen
Mein Wunsch, ich würde es gern alles zeigen
Teilen, meine Welt mit allen vereinen"

„Sie meinten früher schon, ich sei komisch
Ja ich bin definitiv als sie – so ganz anders
Spaziere durch meine Welt und meine Gedanken
Ich bin da, wo du im Leben niemals wanderst
Denn ich bin anders, ich kann anders
Ich zeige was ich mache, ja ich kann das"

„Laufe durch meine Farbenwelt
Fabelhaft, sie ist so – wie sie mir gefällt
Kommt schon macht mit, jeder und alle

Kommt schon, setzt den ersten Schritt
Lasst die Sonne scheinen, macht euch los
Von euren angebundenen Leinen"

-Zustand-
-Nerven zucken-
-Tinnitus-

-Ausweg-
Wo ist der Ausweg?
Wo finde ich raus?
Vor allem raus für immer!?
Ich kann nicht fliehen, nicht weglaufen, ich kann nur
dagegenhalten und versuchen, alle Umstände zu ändern!

Der Puls steigt.
Blutdruck stetig am Erhöhen.
Wie komme ich aus diesem Kreislauf wieder heraus?

Ein neuer Tag.
-Druck auf der Brust-
-Atemnot, Sodbrennen und Hitzezustände-

-Müde-
-Erschöpft-
-Keine Pause-

-Magen verhärtet-
-Sodbrennen-
-Schwindel und Übelkeit-

Jeden Tag konzentriere ich mich, nein jeden Tag überkommen mich diese Schmerzen.
-Kopfschmerz-
-Herzstechen-
-Augenkrämpfe-
-Tinnitus-
-Sodbrennen-
-Atemnot-
-Luft stockt-

Reiße ich diese Seite raus?
Lösche ich sie?
NEIN!
-Schmerzlinderung-
Sie findet statt, zumindest etwas.
Darum schreibe ich all diese Scheiße aus mir raus und ich lasse diese Seiten weiter existieren, weil sie meine Therapie sind.
Selbsttherapie und Schmerztherapie

-Schmerz-
Der Schmerz auf meiner Brust und auf meiner Seele machen mir Angst. Aber warum eigentlich?
Ist ja schon ein, sehr lange vertrautes Gefühl.

-Sodbrennen-

-Nein!-

-Keine Seite-
Keine Seite reiße ich heraus. Es ist alles mein lebender Beweis, jede Sekunde meines Leben – oder viel mehr mein Leiden!

-Überforderung-

-Augenschliere-
-Muskel und Nerven zucken-
-Hitze-

-Schluckbeschwerden-
-Atem stockt-
-Sodbrennen-

-Lunge pfeift-
-schlechte Luftzufuhr-
-Angst, Panik, Stress-
Momentan ist mir wieder alles zu viel.
-Angst-
-Gedanken-

-Übelkeit-
Mir ist gerade sehr schlecht! Wie komme ich wieder hier raus?
Was mache ich nun?
Beim Atmen sticht mir die Brust
-Herzstechen-
-Atem stockt-
-Kloß im Hals-
-Lunge-
-Brust-
Ich fühle Schmerzen.

Ich finde keine Ansätze mehr.
-Mein Gefühl-
-Mein Zustand-
-Die Schleife-

Stetige Wiederholung, ich finde nicht mehr raus. Ich drehe
innerlich in meinem Nervenkarussell.

Grau Wie Der Horizont

An manchen Tagen
So wie heute wo die Wolken
Wieder tief ins Gesicht ziehen

Fahre ich entlang der Straßen
Ich würde gerne so weit
In die Freiheit fliehen

Grau der Horizont, so wie der Asphalt
Stürmisch rau der Wind
So fegt er durch den Wald

Über manchen Fluss
Frage mich wie weit wohl noch und
Wie lang ich auf die Freiheit warten muss

Warum tobt nun der Sturm
Wo es doch so lange
Ruhig und klar gewesen ist

Alles so verständnisvoll
Warum nun so viele Wolken
Ich verstehe es nicht

Was hat sich bloß verändert
Merke doch Zeichen direkt und gleich
Die, die im Dunkeln kommen
Sieht man nicht so leicht

Durch Die Straßen

Ich ziehe durch die Straßen
Bin nicht verlassen nur allein
Nur auf der Suche nach mir selbst
Muss unterwegs verloren gegangen sein

Ich stell mich keiner Rede
Suche auch keine Antwort
Ich will nur weit weg
Weit weg von allem fort

Gedankenleere
Verlasse den Weg der Schwere
Ich gehe meines Schrittes weiter
Emotionen-Kreuzung – die ich überquere

Mache ich Rast, weil ich jetzt ruh´
Lese ich in mir und höre mir zu
Mein Mund ist am Schweigen
Worte auf der Zunge sie sind tabu

Ich laufe los ohne Richtung
Ohne jegliche Ziele
Um mich herum nehme ich nichts mehr wahr
Menschenleere oder viele

Mein Traum lebt vor sich hin
Jeglicher Realität
Wenn alles früh genug ist
Ist es für mich noch nicht zu spät

Wieder Mal

Es ist mal wieder, so wie es immer ist
Es scheint als ob es mich nie vergisst
Ist es immer hier, ist es ein Teil von mir?
Werde ich es jemals los oder nicht?

Was genau will es, was ich fühlen soll?
Was will es bei mir denn erreichen?
Ist es im Kopf oder im Herz?
Wie und wo stellt es seine Weichen?

Ich würde es gerne hinter mir lassen
Von ihm so gerne losreißen
Es ist als ob es von mir nährt
Tief in meinem Innern, ist es am Beißen

Ich komme nicht weg und nicht davon los
Es nährt von mir, ist die Angst so groß?
Wie kann ich mich retten, wonach greifen?
Würde dem Gefühl so gern, seine Macht entreißen!

Was ist es für ein Gefühl
Kann es beschreiben doch nicht greifen
Kann mich wehren, wenn ich stark bin
Doch bei Schwäche lässt es mich zweifeln

Vor dem Beginn ist alles neu
Doch das Gefühl es bleibt treu
Es hat die Macht, es ist so stark
Ich frage mich immer, was es von mir mag?

Nach dem Start
Ist es dann doch so vertraut
Keiner ist da
Der ihm mal auf die Schnauze haut!

Mein Zustand

Magenkrämpfe
Eine trockene Kehle
Immer voller Schmerz
Darin getränkte Seele

War immer sozial
Zu allen nett gewesen
Immer Angst davor –
Im Leben daneben zu treten

Viel verrückt gemacht
Psyche angeschnitten
Angst und Zweifel
1000 Wunden gelitten

Krämpfe, Zucken
Es hört nicht auf
Steiger mich in die Angst
Denn sie ist mir so vertraut

Dunkelheit
Und Trauerleid
Großer Bestandteil
Meiner Lebenszeit

Nerven kribbeln
Unter der Schädeldecke
Sekunden, Minuten
Stunden – es nimmt kein Ende

Wie auch andere von außen
Aus Haut und Knochen
Schmerzen erlebt und gefühlt
Als wäre ich innerlich gebrochen

Schulzeit Bis Heute

Es nimmt scheinbar kein Ende
Herz am Pochen und am Stechen
Atem stockt, Schwindel, Kreislauf
Alles droht in mir zusammen zu brechen

Innerlich nervliches Burnout
Nicht zu sehen auf der Haut
Überforderung, Sprachstörung
Angst vor Epilepsie – stark wie noch nie

Zucken von Fuß bis über Becken
Immer linke Seite, dauerhaft bis in den Kopf
Es gibt kein Stopp, kein Ende
Keinen Ausschaltknopf

Angst und Zweifel machen sich breit
Angst vorm Versagen, Lebensverlust
Ohne Geld, ohne Job auf der Straße landend
Erbärmlich verloren in jedem Verdruss

Angst zu verlieren, Angst zu scheitern
Nicht beliebt und respektiert zu sein
Ohne Anerkennung und ohne Lob
Nur immer handeln mit Vorsicht auf Verbot!

Immer gehorchen, lieb und nett sein
Keinen Mist machen, keine Scheiße bauen
Angst etwas zu sagen zu reden
Schulkind gewesen, noch klein, wurde verhauen

Teil Vom Werdegang

Kopf gemacht
Über alles und jeden
Nie etwas tun
Worüber sie reden

Gehorsam und lieb
Aufgaben machen
Meine Träume, meine Wünsche
Kannst du nichts draus machen

Träumer
Siehst zu negativ
Zu schwarz, zu trist
Zu depressiv

Wurde gemobbt
Gehänselt, ausgelacht
Das wurde aus mir
Und meiner Welt gemacht

Ausgestoßen
Ausgenutzt
Niedergemacht
Runtergeputzt

War immer gut
Sogar der Beste
Wenn alle etwas und egal was –
Von mir wollten

Hausaufgaben
Geld, Spiele
Nahmen alles was sie
Nur von mir kriegen konnten

Keiner hat je
An mich geglaubt
Lehrer und andere Leute
Haben mir nix zugetraut

Keiner hat gefragt
Was ich habe, wie es mir geht
Nur ein jeder – dummes Arschloch
Welches meinte, mein Leben ist nichts wert!

Ein Weg

Von der äußersten Flanke
Aus dem letzten Loch
Hätte nie gedacht schaffe es nach oben
Aber es scheint nun doch

Habe immer noch
So manche Wunde und Narbe
Manches Weh-Wehchen

Ja, ja alles vergeht
Aber manches bleibt
Tief im Innern, das ganze Leben

Abgefuckt und abgeranzt
Das Lied vom Tod, dazu getanzt
Fucking Life

Seelenschrott und Kummer
Bin ein Patient
Mit Identity-Code, nur eine Nummer

Damals Und Heute

Mama sagte mir, „sei zufrieden"!
Bist gesund, hast einen Job und deinen Führerschein
Doch wirklich gesund bin ich nicht!
Doch es sieht halt niemand in mich hinein

Wunden auf der Seele
Schmerzerfüllte Wege
Alles, Teile meines Lebens
Kann nicht ändern was vergangen ist

Mir klemmen die Nerven
Zucken die Augen, manchmal kommt Schleim und Blut
Lunge ist wie verklebt, Bronchien machen mir zu schaffen
Innerlich entzündet, so ist es, wie es wirklich bei mir ist

Ängste die mich quälen
Die mich immer wieder aufs Neue heimsuchen
Oft bin ich am Ende mit mir selbst
Kann nichts mehr finden von dem Guten

Warum fühle ich wie ich fühle
Warum bin ich wie ich bin
Wer liebt mich im Leben wirklich
Wo gehöre ich denn hin?

Kann mich nicht abfinden
Mit der Gesellschaft großer Lüge
Mir schmerzt wahrhaft Krieg und Leid
Hasse die Menschen die betrügen

Göttlich

Ich habe es satt
Immer auf jeden Cent achten zu müssen
Immer nur das Leben von Unten betrachten
Kein Bock mehr, von Oben wird geschissen

Top oder Flop, alles oder nichts
Nix am Ende zu haben ist leicht
Kohle gebrauchen, weil nix da ist
Weil zu wenig fürs Ganze nie reicht

So komme ich ohne Kraft und ohne Mut zu dir
Vielleicht bin ich am Ende
Ich hoffe du hast Zeit und spendest Trost
Bitte hör mich an, wo ich mich an dich wende

Das Leben verläuft so
Wie der Mensch es hier gemacht und bestimmt hat
Anders als bei dir, so denke ich
Bei dir ist es Vollkommen – anders

Du bist das, was meine Vorstellungskraft
In allem übersteigt
Menschliches Leben, davon sind wir hier unten
Weit entfernt, du musst göttlich sein

Finde ich bei dir Trost und Halt
Wenn ich ihn suche und ihn woanders nicht finden kann
Bin ich hier am Ende oder nur im Kopf
Sende dein Licht, ich hoffe ich komme an

Ich habe so meine Hoffnung
Und so habe ich auch meine Zweifel
Wenn sie sich immer treffen
Nehmen sie mich allzu gern als ihre Geisel

Psycho

An manchen Tagen fühlt es sich so an
Als würde mich etwas zerstören
Als würde mein Leben gar nicht mehr
Mir allein gehören

Kribbeln im Kopf
Zucken von Nerv und Muskel
Verschwommen der Blick
Schleier vor Augen – am Zusseln wie Fussel

Es ist wie ein Kampf, mein Körper
Gegen das Fremde, was meinen Besitz ergreifen will
Wie ein Todesspiel –
Stimmen die schreien, let's play it's time to kill

Es kann doch nicht mehr so lange dauern
Zu erreichen was ich will
Ich lieg meinem großen Traum
So lange schon auf der Lauer, gebe nicht auf
Bis ich irgendwann gestorben bin

Habe das Gefühl in meinem Kopf
Da sitzt etwas, das nicht dahin gehört
Es macht mir meinen Lebenstraum kaputt
Weil es von Grund auf alles zerstört

Der Sohn Und Sein Lohn

Das hier erntet keinen Applaus
Doch ich spreche es aus
Dieser Track auf dieser Scheibe
Ich weiß, dass er mir keine Fans bringt
Weil die ganze Wahrheit viel zu ernst klingt
Dafür ist es zu ehrlich und zu krass
Was ich hier schreib' und was ich hier sach'

Hab' mit meinen Texten keinen betrogen
Nur mich allein, mich selbst belogen
Familie und Liebe von Kindertagen zerstört –
Weggegangen wo ich doch hingehört – hab' fuck up!

Heute stehe ich da, der Sohn mit seinem Lohn
Verrat und Spott mir selbst gegenüber, schäme mich schon
Stehe hier in mei'm eigenen Hohn
Es gibt nix mehr hol'n

Viele Fehler gemacht
Denn die Angst hielt mich klein
Doch der Kleine von damals, will nicht mehr der Kleine sein!
Nein! Verdammt!
Viele Scherben, viel Glas zerschellt –
Viele Brücken verbrannt

Schweigt!
Alle miteinander, heute haue ich Texte raus
Über alle nacheinander –
Gieße Salz in die Wunden
Essig und Branntwein, Feuersalamander

Depressionen erlitten
Keine Pulsadern je aufgeschnitten
Kein Teil von Suizid oder Borderline
Wollte doch bloß in Ruhe gelassen sein

Habe all die Kämpfe ausgetragen, auf meiner Seele so viele
Narben
So viel Gewicht, könnt' der stärkste Mann nicht tragen!
Nicht ertragen! Würde um die Gnade nach dem Ende, der
Erlösung fragen!
Doch ich stehe diesen Mann, von der ersten Stunde an –
In der ich auch Scheiße baute, was ist – was schaut ihr mich so
an!?

Diese Tage

Wer kennt diese Tage nicht
Die Tage voller Schatten und wenig Licht
Die Tage ohne Trost und ohne Hoffnungsschimmer
An denen man denkt, geh – geh und zwar für immer

Es sind Regentage mitten im Sommer
Gefühlte 30 Grad, doch es lässt dich kalt
Die Sonne scheint und sie lacht dir zu
Doch sie berührt dich nicht, es lässt dich kalt

Kennst du das auch
Der Himmel ist blau, doch in dir ist es mau
Kein Licht und kein Schimmer
Alles trist, trübe und einfach nur grau

Diese Tage kommen und diese Tage gehen
Sie kommen und ziehen vorbei
Nichts hat für ewig Bestand
Auch der Schmerz kommt und geht vorbei

Diese Tage, wenn die Sonne dich wieder berührt
Wenn du das Leben wieder spürst
Diese Tage kommen zurück, sind wertvoll merke es dir
Alles geht vorbei, nichts bleibt ewig hier

Ich Will Weg

Ich will weg
Von den Stunden voller Qual
Von dem ewig langen Leiden
Mir scheint es, als habe ich nicht groß die Wahl

Löcher im Kopf
Doch ich muss da durch
Stelle mich dem Kampf
Doch im Innern trage ich Furcht

Ich will weg
Aus dem tiefen Sumpf
Voller Sorgen und Probleme
Ich laufe und ich renne um voran zu kommen

Um neues Land zu finden
Um von da wo ich bin, endlich zu verschwinden

Ich schreibe so viele Wörter
Und ich denke dabei so viele Sachen
Es ist an der Zeit, alles zu packen
Und sich auf den Weg zu machen

Ich will weg
Ich will weg
Weg vom Dreck
Vom Morast, vom Fleck
Weit weg

Da wo ich bin, ist kein Platz mehr
Für Sorgen, Panik und Ängste
Wo sind die, denen es auch so geht
Denen reiche ich meine Hand und sie sagen
Ja! – Wenn ich frage „kennste"?

Schreibbewältigung

1000 Linien kreuzen sich am Mittelpunkt
Ziehen Fäden und verstricken sich
Nichts ist mehr wirklich klar
Nur ganz schwer ist meine Sicht

S.O.S. – Mein Stand in Not
Aussicht auf mein Rettungsboot
Kreuz und quer – Totalverkehr
Ozean voller Probleme und weites Meer

Ich werfe meinen Anker
Die Spitze bohrt sich in den Meeresgrund
Die Feder schwimmt im Wind
Schützt mich an meinem wunden Punkt

Die Sorgen werfe ich über Bord
Ebnen mir den Weg zum sicheren Ort
Lass ab von mir den Groll, die Last
Greife nach Rettung, bevor ich sie verpass

Tränen Die Brennen

Ich mach die Fenster runter
Drehe die Musik voll auf
Und ich singe sie mit
Dabei schreie ich sie raus

Denn Tränen die nicht
Aus mir laufen können
Sind wie Benzin auf der Seele
Und es muss brennen

Mein Verstand wieder mal
Zu nüchtern und Wodka-klar
Herz und Seele leiden, alles so vertraut
So wie es doch schon immer war

Und die Musik sie dröhnt
So laut wie sie nur kann
Und ich schreie mit und ich bin dabei
Weil die Luft in meiner Lunge frei sein kann

Ich singe mit, alles so laut
Wie ich nur laut sein kann
Tränen die nicht laufen können
Fließen somit eben anders dann

Jedes Blatt Soll Fliegen

Texte voller Niedergänge, schrieb ich ohne Pause
Bis in die Nacht mit Überlänge
Kaum geschlafen, Wunden am Bluten, Herz am Pochen
Dabei hat mir weder Scherbe oder Nadel in die Haut gestochen

Auch heute noch sind da Ängste
Doch nicht mehr so stark wie damals
Weil ich heute Menschen habe, die mir sagen
Dass auch sie es kennen, sei ehrlich zu dir im Innern
Musst das Kind beim Namen nennen
Um deine Narben verarzten zu können

Bis heute ist so viel passiert, in Richtung positive Dinge
Weil ich wollte, dass es so passiert
Habe gelernt an mich zu glauben, dass auch nun
In Dunkelheit, ich mich nicht mehr verlier

Von depressiven Geistern verfolgt, sehr lange geplagt
Mein Leben zu leben – dieses Leben – habe es so lange vertagt
Träume und Ziele, ich war so dumm sie zu verschieben
Keinen Nutzen alles zu greifen, alles liegen gelassen, ließ die
Zeiten verstreichen

Und es wird Zeit, Zeit aufzuwachen! Nichts lange hinterfragen
Bloß auf den Weg machen! Ich schmeiße über Bord, alles was
mich nach unten zieht – was an mir reißt und zerrt, schaue
lächelnd nach
Wenn es alles nach unten fliegt

So viel Angst und Wut, ich wuchs über mich hinaus
Es wurde Kraft und Mut, weite Schritte – weit fort von zu Haus

Ängste und Dunkelheit, stand so lange im Schatten deiner Zeit
Mein Charakter, meine Persönlichkeit, auf harter Probe – all
mein Geleit

Jedes Blatt soll fliegen, in den Himmel wie ein Schmetterling
Habe mich dem Leben und der Welt gestellt
Mein Lebenswerk ist lebenswert, ich mache bis zu diesem Tag
mein Ding!
Jeder Tropfen soll fließen, durch den Fluss der Zeit unendlich
weit

Habe mich meinem Weg, diesem Pfad gestellt
Meine Träume, meine Pläne und Ziele begleiten mich durchs
Leben entgegen meiner Zeit

Epilog
So Ändern Sich Die Zeiten

Ich mache die Türe auf
Komm spring rein
Fahren dem Damals entgegen
Wo kann es denn bloß sein?

In der Vergangenheit
Dort liegt so viel Zeit zurück
Gute und schöne Dinge
Kurz pausiert, stecke sie ein und nimm sie mit

All die vielen Jahre
Lässt unsere Haut auf sich verweilen
Doch sind immer die, die wir doch waren
Es ändern sich lediglich nur die Zeiten

Ja so ändern sich die Zeiten
All die Jahre werden uns begleiten
Ob im Regensturm oder im Wolkenbruch
Oder wenn die Sterne am Himmel scheinen

Liebe Leserinnen und liebe Leser,
vielen lieben Dank, dass Sie sich die Zeit genommen haben und sich diesen Band durchgelesen haben.

Es bedeutet mir wirklich sehr, sehr viel – mich mit dem Thema und der Diagnose Depression öffnen zu dürfen.

Bereits bei meinen Bühnenauftritten, habe ich dieses Thema auch mehrmals schon angesprochen, verfasste Texte gelesen und mit dem Publikum geteilt.

Da ich selbst einer depressiven Episode unterfallen war und ich auch einige Menschen kenne die daran leiden, wirke ich nun befreiter. Vielen Dank nochmal an dieser Stelle.

Depression ist keine ansteckende, schlimme Krankheit – und vor allem keine Schwäche, denn sie kann durch so viele Faktoren hervorgerufen werden. Die Ursachen sind perfide und unsichtbar!

Schauen sie nicht weg – haben Sie bitte Verständnis für Menschen mit psychischen Beeinträchtigungen.

Bieten wir der DEPRESSION DIE STIRN! Wir alle, alle gemeinsam!

Vielen Dank und bis zur nächsten Reise, dann wieder andere Texte…

Christian Hofmann

Christian Hofmann, geboren am 5.3.1986 in Biedenkopf bei Marburg, schreibt seit dem Jahr 2006 Texte aus dem und über das Leben.

Mit dem Sonderband, hat Christian Hofmann einen Platz für literarische Werke gegen die Depression geschaffen. Weil es ihm selbst am Herzen liegt Betroffene zu erreichen, ein Licht im Dunkeln zu setzen, zeigen dass man nicht allein damit ist. Auch Leserinnen und Leser zu erreichen, die glücklicherweise nicht von Depressionen betroffen sind, aber so ein Verständnis für Betroffene entwickeln können und diese unsichtbare Ursache verstehen lernen.

Herstellung und Verlag:
BoD – Books on Demand, Norderstedt
ISBN: 978-3-7504-9420-6